5월의 어느날

One day in May

5월의 어느날 *One day in May*

2025년 8월 22일 초판 1쇄 인쇄 발행

지은이	김순영
펴낸이	박종래
펴낸곳	도서출판 명성서림

등록번호	301-2014-013
주소	04625 서울시 중구 필동로 6 (2, 3층)
대표전화	02)2277-2800
팩스	02)2277-8945
이메일	msprint8944@naver.com

값 15,000원
ISBN 979-11-7439-027-1

본 책의 구성 및 맞춤법, 띄어쓰기는 작가의 의도에 따랐습니다.
이 책의 저작권은 저자와 도서출판 명성서림에 있습니다. 무단 전재 및 복제를 금합니다.
이 책 내용의 일부 또는 전부를 재사용하려면 반드시 저자와 도서출판 명성서림의 동의를 얻어야 합니다.
파본은 구입처에서 바꾸어 드립니다.

5월의 어느 날

One day in May

김순영
시집

| 작가 소감 |

벌써 등단한 지 어느새 17년이 되었다.

첫 시집은 너무나 내고 싶은 마음만 앞서 얼떨결에 만들어 세상에 나왔지만, 세상과 꿈 사이의 격차가 너무 크다 보니 가슴앓이를 하였다. 그 후 원래 하고 싶던 그림을 파스텔로 시작했다. 독학 십 년을 하다가 최근 본격적으로 하기로 맘먹었고, 그려놨던 것을 수채화물감으로 정리하면서 시화집으로 꿈꾸던 것을 시도할 수 있는 시간이 되었다.

시와 그림 속에 지나간 추억을 담아서 두 번째 시집을 세상에 내놓게 되었다. 시도 그림도 아직은 부족한 게 많지만 몇 년이 지나면 만족할 수 있는 작가로 거듭나길 기대해 본다.

차례

05 ⋯ 작가 소감

10 ⋯ 겨울비
12 ⋯ 흔적
14 ⋯ 숲속의 바람과 햇살의 비밀
16 ⋯ 산속의 바람
18 ⋯ 벚꽃이 활짝 핀 날
20 ⋯ 여름비
21 ⋯ Summer Rain
22 ⋯ 시인
24 ⋯ 겨울의 끝자락
26 ⋯ 피아노
28 ⋯ 신당동
30 ⋯ 지축리
32 ⋯ 봄
34 ⋯ 충무로
36 ⋯ 수채화
38 ⋯ 봄이 오는 길목

40 ⋯ 내 고향
42 ⋯ 낙엽
44 ⋯ 여고 시절
46 ⋯ 길고양이
50 ⋯ 동네 길고양이
52 ⋯ 독학
56 ⋯ 코로나
58 ⋯ 60 환갑
60 ⋯ 눈이 내리는 날
61 ⋯ 오동나무
64 ⋯ 늦가을
66 ⋯ 겨울
68 ⋯ 봄맞이
69 ⋯ Meeting Spring
70 ⋯ 5월의 어느날

겨울비

어제는 비가 왔는데
아침에 일어나
밖으로 쓰레기를 버리러 나가니
눈이 쌓이고 빙판이 되었네

집 안에서도 추운 한겨울
한강진역 2번 출구에서
나라를 위해 싸우는 애국자들
일제시대 목숨 바쳐 싸운
독립군의 후손들은
빈궁 속에 허덕이는데
새로운 역사를 써 내려가는 독립군들
추위와 불의에 맞서 이겨 내고 있다

난 그것에 비하면 너무 편안한 게 미안하다
당신들을 위해 기도하고 응원합니다

흔적

겨울은 자신의 흔적을
봄날에 남기고 가 버렸다
바람 틈에 활짝 핀 하얀 목련화
목련은 겨울을 그리워하면서
꽃잎을 출산한다

엄마의 냄새를 알게 되면서
그리움은 시작되었다
계절도 계절을 그리워하고
어미 개도 죽은 자기 새끼를 그리워하며
날마다 묻힌 흙을 파헤친다

사람만이 그리워하는 것은 아니다
바람도 구름도 태양도 서로를 그리워한다
그리움 속에 창조는 시작되었고
모든 것을 가진 창조주도
그리움을 갖고 있다

그리움은 저녁노을을 만들고
계절을 만들고
바람과 공기를 만들고
생명을 잉태한다

눈물을 창조하고 영원한 그리움의 세상이여
시인은 시를 그리워하고
나는 네가 되고 너는 내가 된다

숲속의 바람과 햇살의 비밀

숲은 조용하다
바람 한 점 없다
왜 자꾸 나를 부를까

숲에 오게 되면
난 먼 여행을 떠나는 꿈을 꾼다
내 가슴 속의 아픔과 슬픔을
숲속의 뻥 뚫린 공간에 던진다
어느 순간 비밀을 알게 되었다
우주와 나 자신이 하나 되었을 때
이 숲속의 비밀이 열린다

숲속에는 시커먼 나무들 가지 사이로
조용한 바람과 얌전한 햇살이 들어온다
새싹이었을 때를 기억 못 하는
두꺼운 껍질을 입은 나무는
한여름의 태양에
가죽이 타고 속살이 드러나는 고통을
아프다고 비명 한 번 지르지 않고 견뎠다
한겨울의 살이 찢어지는 아픔을 견디면서

산속의 바람

벚꽃 개나리 목련이 활짝 피면
태양의 궤도가 지구 표면에 가까워지고
숲은 대낮처럼 환해졌다

나무들은 무대의 조명을 받듯
긴 다리를 쭉 뻗고 기대고 있었다
나무엔 그림자들이 반대편에서
그림을 그리고 있었다

병아리처럼 삐악거리는 새끼 까치가
어미 까치를 따라 또 다른 항공으로
날갯짓을 한다

암벽을 뚫은 약숫물은 혼자 조용히 쏟아지고
나뭇가지 사이로 새싹이 파룻파룻
태양을 향해 자라고 있었다

태양과 하늘은
잔잔한 바람들을 보내면서
봄의 계절을 축복한다

벚꽃이 활짝 핀 날

바람이 부는 날
꽃들이 활짝 핀 날
마음이 따스하다
개나리 목련 벚꽃 진달래가
활짝 피었다

코로나가 3년째 되어간다
평화로운 4월
맘속의 근심이 사라진다
하늘도 바람도 평화로운 나날들
코로나로 인해 힘겨웠던 시간들이
엊그제 같더니
남은 시간들은 행복하리라

여름비

습도가 높은 여름
한줄기의 비가 살린다
인생의 단편 같은 여름
뭔가 나아질 것 같듯 말 듯한 삶

아무것도 보이지 않을 것 같은 시간들 속에
습도 높은 삶과의 전쟁이 시작된다

습도가 높은 경쟁
일터와 경쟁 속의 동료들

출퇴근 속의 전쟁 속에 시원한 에어컨 바람이
숨통을 트이게 한다

Summer Rain

Summer in high-humidity
A ray of rain saves us
A summer like a short story of life
A life that feels like it's going to get better

In the time when you can't see anything
The war against humid life begins

A competition of high humidity
Co-workers in workplace and in competition

A cool air-conditioned wind in a war of commutes
which make their breath come to light

시인

나의 시는 온 세상을 다 다니면서
직접 체험한 소재들이다
벌이 꿀을 찾아 날아다니듯이
많은 경험과 만나는 사람들 속의 사연과
아픔과 고통이 믹서되고
석류처럼 생각의 저장 탱크에 숙성되어
하나씩 하나씩 탄생되어 나온다

춥고 긴 겨울 속에서 뿌리를 깊게 내리고
꽁꽁 숨은 생명처럼
이제는 미리 감이 오고 하루가 느껴진다
많은 파도와 바람에 이젠 단단해진 바위처럼
고목처럼 여유가 생긴 것 같다

시로 내 마음의 상처를 씻어 내고
앞길의 길잡이였다면
지금은 좋은 시를 써서
빛의 자녀로 세상의 빛이 되고 싶다

겨울의 끝자락

눈이 조금씩 비처럼 종일 내린다
비 온 것처럼 거리는 얼지 않았고
손발이 꽁꽁 시릴 정도로 춥지는 않다
구정도 지나고 대보름도 지났으니
올겨울은 다 간 것 같다

어릴 적 대보름 때는 공터에서 불장난을 하고
고학년 남자애들이 깡통에 불을 지펴서
공중 어두운 밤에 뺑뺑 돌리며
어두운 밤을 밝혀 주었다
어른들은 불장난하면 오줌 싼다고 하셨다

어릴 적 겨울은 추운 줄 모르고
눈사람을 만들고
장갑이 젖으면 집으로 들어가
연탄난로에 군고구마를 구워 먹으면서
추위를 이겼다

이젠 얼음판도 조심조심 걸어야 하는
나이가 되었다
작년은 여러 가지로 힘든 날들이었는데
올해가 바뀌면서 맘이 편해졌다
긴 겨울이 지나면 봄이 오듯이
봄이 오는 소리가 귓전에 맴돈다

피아노

봄바람이 유난히 부는 날
오래도록 묻어 두었던 꿈을
양 손가락 끝으로
흰건반과 검은건반 위를 터치한다
오랜 기억을 두드린다
바람이 내 마음에 불어오듯
건반 위의 음률은 내 기억 너머의
시간을 두드린다

바람이 유난히 불어올 땐 몰랐었지
첫사랑의 추억이 순간이었다는 것을
이별 후 긴 시간을 통해 알게 되었지
라일락 향기가 그윽한 4월
첫사랑의 아픔이 되살아난다

피아노를 치던 그는
내 주변을 그림자처럼 따라다니고
우린 이별의 시간도 갖지 못한 채
이별을 했다

내 나이 스물일곱
그는 짧은 생을 마감하게 되었고
두 번째 이별도 약속하지 못한 채
내 가슴속에 묻게 되었다

바람이 불면 나의
가슴속의 슬픔을 달래주던 말 없는 바람
그 바람이 또 말없이 부는 날
창조주의 영원한 사랑을 알려주셨다
그 무엇보다 바꿀 수 없는 사랑

신당동

약수역 근처 골목 안 주택
전기선 기둥 위에
낡고 바랜 전단지가 바람에 나부낀다

나른한 초여름 오후
새로 이사 온 이층 단독주택
골목은 조용하고 지나가는 바람만이
자신의 존재를 알렸다
이사 온 단독주택에는
유일하게 혼자 이 층 방을 쓰고 있다

노을이 지는 저녁
스케치북에 파스텔로 색을 입힌다
간만에 평화로움 속의 꿈을 펼쳐본다

노을이 지면서 바람이 불어오니
으스스한 느낌이 온다
왜 무서운 느낌이 들까 이 집은?

한여름이 되면서 방 안은 낮의 열기로
찜질방이 되어 잠을 청할 수 없었다
일 층 빈방을 아는 동생에게 소개해 주고
몇 달이 지나서 이 층에서
여자 울음소리가
난다고 동생 딸이 말했다
이 집은 죽은 여자의 한이 있었고
그래서 집을 내놨는데
동네 소문이 다 나서 집이 팔리지 않았고
도배하는 바람에
매운 냄새로 난 다시 이사하게 되었다

지축리

아버지가 돌아가시기 전에
구파발 지축리에 조그마한 집을 샀다
아버지는 고1 초겨울에 중풍으로 돌아가셨다

뒷산이 있고 수놈 뽀삐가
늘 문 열어 달라고 아양 떨던 집
주변은 산으로 둘러싸여서 조용한 동네였다
외등도 없어 밤늦게 들어갈 때는
무섭기만 했던 곳
우리 집이라는 공간이
모든 힘든 걸 다 감싸주었다

우리 집의 비밀들을 감추어도 모르는
병풍처럼 아늑했던 집
그런 곳을 여고 졸업하고
30년이 지난 후 가 보았다

동네는 알아볼 수 없는
재개발 지역으로 먼지만 풀풀 날리고
다리 건널 때 보였던
북한산만이 변함이 없었다

봄

봄이 오기 위해 만물이 진통을 겪었다
비와 눈이 같이 오기도 하고
비바람이 강하게 불기도 하고
나무와 꽃잎들은 이런 비와 바람 통해
꽃봉오리와 새싹을 잉태하나 보다

차가운 겨울과
따스한 봄바람과의 이별과 전쟁
올봄은 유난스러웠다

장마 때 부는 강풍이 불지를 않나
봄이구나 생각했는데 다시 겨울이 되고
점점 지구의 온도가 높아져
메마른 초목이 되고
전국 몇십 군데서 산불이 나고
국토의 사분의 일이 타고 30명이 사망하고
이재민은 몇천 명이 되었고
봄은 시작이 되기도 하고
재앙 같은 슬픔이 되기도 한다

그들의 터전이 봄처럼 복구되어
일상으로 돌아오는 봄날이 되길
두 손 모아 기도드린다

충무로

16년 전 가장 힘든 시기에
벼룩시장 광고를 보고 입사한 회사
광고부터가 재미있을 것 같았다

대학동문록 제작하는 곳
전화로 주소 파악하고
출판이 되면 전화해서
동문들에게 판매하는 일인데
컴퓨터 엑셀을 이용해 전화하고
저장하고 기록을 남긴다

너무 재미있어
지방대 총동문회 책자를
하루에 1~2개도 팔기 힘든 걸
난 수십 개씩 판매하여
오래된 동료들이 시기 질투하고
텃세까지 하는 사람이 있었는데
실장님이 정리해 주시고
난 그럴수록 실력으로 보여 주었다

뒤에서 씹든 말든 내 일만 하고
그동안 써 놓은 시를 창조문학에 투고해서
등단하고 신인상까지 받게 되었는데
시인이 된 후
나의 전쟁 폐허 같은 삶 속에서
유일하게 탈출하고 위로받을 수 있는
시인의 길을 가게 되었다

갈 길이 막막했던 난 시를 통해 치유되고
앞길의 등불이 되어 준 시
문자로 연락 오는
충무로에서 오랜 기간 작가들을 위해
평생 살아오신 명성 대표님을 만나
다시 작가로 활동하게 되었다

충무로는 나와 인연이 깊은 곳임을
다시 깨달으면서 두 번째 시집을 준비한다

수채화

초등학교 때 특별활동 시간엔
서예를 배운다고 다녔고
방과 후엔 도서관에 들러 책을 보거나
학교 앞 만화 가게 가서
순정만화를 엄마 몰래 보곤 했다
어릴 적의 꿈은 선생님 외교관이었는데
사춘기 되면서 미술반에 들어가고
그림에 대한 꿈을 꾸기도 했다
친구도 미술지망생을 사귀었고
교회 선생님도 미술하는 분이셨는데
가정 형편상
나 스스로 할 수 있는 일기 쓰기와
독서로 힘든 삶을 이겨 냈다

시인이 되고 몇 년이 지난 후
하고 싶은 그림을 파스텔로 그려 보았다
페이스북에서 알게 된
누드크로키 학원을 등록해서 다니다가
오래 다녔던 학원 분위기가 나랑 안 맞고
몸도 아프고 내 열정만큼
환경이 뒷받침이 안 돼서 그만 다녔다

동네 풀잎센타를 다녔는데
선생님이 혼자 다 그려 학원도 안 맞아
독학하면서 덕수궁전시회를 꾸준히 다녔다

시도 쓰고
초겨울 감나무잎이 물든 게 너무 아름다워
낙엽만 몇 년을 수채화로 그렸다

유명 화가들은 일상이 그리는 거라는데
이젠 나도 틈틈이 그려
응모해서 상도 받고
개인전도 준비해야겠다

봄이 오는 길목

올해 봄은 유난스럽다
봄인 것 같으면서 비바람과 눈이 오고
겨울인가 싶더니 햇살이 따사롭다

바람이 유난히 불던 봄
온 초목이 불바다가 되고 이재민들은
길거리로 나와서 갈 곳을 잃게 된 사람들
바람이 유난히 불던 날
옆집은 쿵쿵거리고
먼지를 일으키고
기다리던 봄소식은
상처가 되어 눈물이 흐른다

긴 겨울 눈보라 속에 싸웠던
아스팔트 위의 애국자들
봄을 기다렸건만
겨울비가 내렸다
이렇게 힘든 시간을 보내면
좋은 봄날이 오겠지

내 고향

정들면 고향이라고 하지만 태어나고 자란
마음 고향의 추억은 자기 맘의 추억일 것이다
가끔씩 생각나 가 본 고향이
뒷산 약수터만 남겨놓고
땅을 파고 아파트를 짓는 듯했다

그 후 가 본 고향은
역에서부터 고급 아파트가 다 완성되어서
나만의 고향의 추억이 사라졌다
나의 살던 고향은 꽃피는 산골이라는
동요가 떠오르는 서울 변두리에 있던 고향
우리의 친척들이 논과 밭을 팔아
도시가 된 동네는
뒷산 약수가 시원하고
봄이면 뻐꾸기가 울고
개나리와 진달래가 피고
앵두꽃과 아카시아 냄새가
온 동네에 퍼지면서 자라던 꽃동네였다

물이 좋고 시원하고 조용한 마을이었던 곳
그래서 가수들이 많이 살았다
고향 오빠인 요들송 가수 김홍철 씨
늘 싱글벙글 웃으면서
기타 들고 다녔던 기억이 난다
목욕탕집 아들 탤런트 이정섭 씨
그때나 지금이나 말투가 같다

큰집은 큰아들이라
땅을 젤 많이 물려받았다
녹번동 시장이 큰집 거였고
60년대 큰집은 대리석 이층집에
석유를 때면서 부족함 없이 살았다

우리도 땅이 많았고
아버지는 꽃모종 때문에 녹번동 땅을 팔아
구파발 지축리에 투자했지만
재개발 제한 구역으로 묶여 힘들게 되었다
이젠 고향이 땅속에 묻히면서
추억도 묻히게 되었다

낙엽

인생은 낙엽처럼
자신의 삶의 색깔이 다 묻어 있다
어린싹으로 태어나 태양의 환희를 맛보고
사춘기가 되어 여름의 뜨거운 태양으로
피땀 흘린다

너무나 갈증 나
세상 속에서 허덕이다가
원하지 않은 삶의 골목 안으로
들어가기도 했다

인생의 가뭄이 오래도록 지속됐을 때는
그 누구도 위로가 되지 않았지
오아시스인 줄 알고 찾은 안식처가
사막일 줄이야
살면서 알게 됐다

태양을 피해 도망치고 도망쳐도 제자리걸음
삶 속에서 콩고물처럼
이리저리 치이고 굴러다니다 보니

가을 낙엽처럼 자기 몸속에 문신처럼
지워지지 않는 색깔이 생겼다
빨강 노오랑 연두 초록색의 흔적
벌레한테 갉아 먹힌 자국까지

낙엽이 된 인생의 가치는
그 세월을 겪은 사람만이 가치를 안다
낙엽이 얼마나 아름다운
자연의 선물이라는 것을
아픔과 삶의 고뇌로 만들어진
작품이라는 것을

여고 시절

언덕 위 오르막길을 오르느라
다리에 알통이 생긴다고 투덜거리고
교복이 너무 평범해서
중학생 같다고 불만이었던 학교는
지은 지 얼마 안 된 세검정에서 이전하여
오래된 학교였다

갓 심은 버드나무가
바람에 쓰러질 듯 휘날리고
창가에서 보면 바람 소리가 요란한
황량한 사막 같던 학교
내 고독한 삶만큼 바람이 늘 창가에서
문을 두드렸다

삶의 의미를 찾기 위해 학교 도서관에서
틈나는 대로 세계 전집을 읽으며
나의 가난한 삶과 고독한 시간은
문학이 탈출구였다
일기와 독서를 통해
작가로서의 시간을 준비했던 시간들이었다

내가 삶을 헤쳐 나갈 수 있는
유일한 출구였던 문학을 통해
작가로서 꿈을 키우고
산전수전 공중전을 겪은 후
시인으로 등단했다

시인은 나의 껍질을 벗어나게 하는
희망이고 미래였다
고독한 삶과 시간들이 나를
시인으로 태어나게 하신 것에 감사한다

길고양이

어미가 언제 죽었는지 어디로 갔는지
알 수 없는 새끼냥이가
길가 위에 위험하게 있는 걸
주인이 발견하고 집으로 데리고 와
키우기 시작했는데
새끼냥이는 겁먹고 경계하고 무서워했다

처음엔 하악질을 하다가
일주일이 지나니 순한 양이 되어
사료도 잘 먹고
주인 손가락을 어미 젖인 줄 알고
빨기 시작했다

아무거나 잘 먹고 잘 싸는 냥이는
만지는 걸 싫어해서 냥냥거렸다
만지지 마 싫다냥 싫어

주인이 늦잠 자고 못 일어나면
와서 깨우고
자고 있으면 얼굴을 디밀고
냄새를 맡고 갔다

주방에서 음식을 하면
와서 몸을 부비기도 하고
껌딱지가 된 새끼냥이는
중성화수술도 잘 견디고
의젓한 성묘가 되었다

집에 있는 벌레는 다 잡는 착한 냥이
주인이 외출하거나 들어오면
반갑게 맞이한다

주인의 맘을 다 아는 냥이는 천사

동네 길고양이

겨울의 따스한 햇살은
내가 버틸 수 있는 유일한 친구이다
추위가 뼛속까지 들어오지만
난 햇살이 있어 감사하다

유일하게 추위를 피할 수 있는 날
챙기던 커피 카페 주인은 휴가를 가서
난 따스한 온기를 누릴 수 없게 되었다
주인의 따스한 미소를 볼 수 없게 되었다

겨울비가 내 몸속으로 들어온다
난 언제부터인가 노숙자가 되어 있었다
내 눈의 눈곱은
언제부터인지 기억할 수가 없다
내가 행복했던 날들이 언제였는지
기억을 더듬어야 한다

나의 주인은 어느 날
낙엽이 떨어지는 초겨울
어디론가 데리고 가더니
주인은 빠른 걸음으로 사라져 버렸다
그곳은 첨 보는 동네였다
난 겨울 낙엽처럼 버려지게 되었다

그해 겨울은 너무 춥고 사람들이 무서워서
어두컴컴한 곳이 나의 집이 되었다

웃음을 잃은 듯한 무표정
난 힘들 때마다 꿈속에서 따스했던
지난날들을 그리워하면서
이 추운 칼바람을 이겨 냈다

독학

기초가 없으면 원하는 것을 이룰 수 없다
사춘기부터 하고 싶었던 그림
동경의 대상이며 희망이었다
시인으로 십 년을 넘게 살면서
하고 싶은 그림을 시작했다
파스텔로 하면서 도화지에
고양이와 꽃 인물화를 그리다가
페이스북에서 알게 된
누드크로키를 처음 해 봤다

첫 수업에 환희의 눈물이 흘렀다
열정은 나를 앓게 하였다
순간의 포즈를 여러 장 그리고 나면
같은 동기생들과 선생님의 평가를 듣는다

시인도 힘겨운 삶들을 살았는데
화가들의 삶은 더 비참함을 읽고
눈물이 흘렀다

혼자 하니 기초가 부족해서
풀잎센터도 찾았지만
내가 원하는 수업이 아니었고
누드크로키 수업은
몸도 맘도 아픈 바람에 중단하고
혼자 그리기 시작했다

초겨울 어느 거리에 떨어진
이쁜 낙엽을 보고
사진을 찍은 후
수채화로 그리기 시작했다

몇 년을 낙엽과 장미를 그리면서
우연히 알게 된 미술학원에서
내 실력을 인정받고
회원전에 낙엽을 응모하게 되었다

기초가 없다고 생각했던 것들이
날 채찍찔하면서 가게 된 곳이
나의 독학 십 년을 인정받는 계기가 되었다

몸도 맘도 나에게 맞는 직업
또 다른 세계를 향해 달린다

코로나

코로나라는 듣도 보도 못한 것이
온 나라를 덮치니 두려움이 엄습했다

너도나도 코로나라는 놈 때문에
흰 장갑을 끼고 전철을 타곤 했지만
뒤늦게 두 번이나 걸려
보름 동안 이불 위에서 식은땀을 흘리고
콩나물국으로 버티면서 이겨 냈다

안심하고 있을 때
끝판에 마스크를 안 하고 나간 날
전철 안에서 어느 여자가 한 기침에
옮은 것 같았다
병원에 갔는데 첨엔 아니라고 하더니
전화가 20분 후에 왔다 코로나라고

여름에 걸린 코로나
입맛 없고 기운 없어 더위도 버거웠다
잘 먹던 열무 냉면도 먹을 수 없었고
코로나 덕에 일주일간 긴 휴식을 보냈고
앓아야 낫는 코로나
감기 독감보다 힘든 코로나

60 환갑

어릴 적이 엊그제 같은데
아침에 뿌연 안개 가득했던 동네
집 담벼락 위로 올라가던 나팔꽃
안마당에 알록달록 이쁜 채송화들
한련화 칸나 다알리아 장미꽃을
심어 놓으시고
우리 4남매를 애지중지 키우신 부모님

장마철이면 지붕 위로
뚝뚝 떨어지는 빗소리 듣고
깨어나면 엄마가 차려 준 아침을 먹고
장화 신고 우산 쓰고 학교 가는 게 좋았다

집 옆 냇가에서는 힘찬 물소리가 흐르고
늘 그 집 앞을 지나가면서 궁금했었지
뒤뜰에 키 큰 옥수수는
장맛비를 맞고 자라서 노오란 알갱이가
감싼 잎사귀 사이로 터져 나왔다

학교 끝나고 뒷산 약수터에 가서
초여름에 아카시아 냄새를 맡으면서
꽃잎을 먹기도 했지
안개 낀 새벽을
두부 장수의 종소리가 깨우던 아침
이제는 뒷산만 남기고
아파트 단지가 되어
마을이 사라진 동네

눈이 내리는 날

밤새 춥더니 눈이 펑펑 내리는 겨울
캠퍼스에 앉아서 낙엽을 스케치한다
쫓기면서 살아온 세월 탓에
뭐든지 급하기만 한데
충청도 아니냐는 소릴
많이 들은 서울 토박이
원래 느긋한 성격인데
외가 쪽 본적이 충주였다

이젠 좀 노력한 만큼 그릴 수 있는
시간이 오는 것 같다
수없이 숨통 막히게 힘들었던 삶
이젠 잔잔한 시간들이 된 것 같다
누구나 삶이 버거운 것인데
이제 느긋하게 그려보자

오동나무

주인의 손에
내 한 가닥의 운명이 결정된다
사내는 날 몇 주째 다듬고 있는 중이다
못이 박인 거친 손에 대패를   고
나의 온몸을 다듬고
생살을 곱게 깎아내린다

땅바닥에 수북이 쌓인 향기마저
뭉뚝한 발에 밟히고
내 몸뚱아리는 눈부신 부활을 위해
일곱 해를 비바람과 눈보라와
폭염을 견디어 낸다

명창을 만나기 위해 몇 년을
산속에서 헤맨 남자
숲에 쓰러진 나를 일으켜 세워
깨끗한 물로 씻어 그늘에 말리기 시작했다

나는 숲의 소리를 내기 위해
일곱 해의 고통을 감수해야 했다

마지막 마무리 단계
장인의 손끝이 떨린다

하얀 명주실 열두 가닥으로 꼬아서
안족을 얹으면
나는 단 하나의 소리가 되는 것이다
그 소리는 지친 영혼을 위로하는
이 세상에 단 하나뿐인
가장 맑은 소리로 태어나는 것이다

늦가을

너무 더웠던 여름
10월까지 후유증이 온다
이젠 여름과 겨울뿐
가을을 느끼기 전에
찬바람이 몸을 휘감는다

몸도 낙엽처럼 말라 가는 것 같다
겨우 매일 하루를 버틴다
감기인 줄 알고 보름 동안
약을 타다 먹었는데
아침저녁으로 하는 기침과
가래로 일상이 마비되고
너무 고통스러운 시간들을 보냈다

큰 병원으로 가 보니 기관지염이라고
금방 낫지는 않지만 조금씩 가슴이
편해지는 것 같았다

좋은 공기를 마시면서 심호흡을 한다
노벨 문학상을 탄 한강 작가의 이야기가
며칠을 뇌리에 스친다
나도 다시 한번 도전해 보자고 생각해 본다

겨울

겨울은 많은 것을 보았다
봄의 바람과 새싹
터질듯한 꽃봉오리를
흩어지는 분홍색 벚꽃을
한여름 무더운 초록색 나뭇잎과
태양을 보았다

양재천의 흐르는 시냇물과
라이딩하는 사람들을
그렇게 뜨겁던 여름은
지지 않을 것 같더니
나뭇가지에 붙은 나뭇잎들이
빨갛게 노랗게 물들어 가고 있었다

유난히 추울 것을 암시하는
겨울비가 내리면서
길거리에 쌓인 낙엽들
그리고 바람처럼 스쳐 간 추억들
겨울은 다 보게 되었다
일 년의 환희와 슬픔과 이별을
모든 게 한낱 바람 같은 그림자였음을

봄맞이

봄은 바람이 되어 온다
마음을 두드리는 봄
햇살이 되어 오는 봄

봄에 태어난 난
봄부터 시작했어
첫사랑을 알게 해 준 봄

땅속 깊이 잠자던 햇살과 수줍게 인사하던 날

봄이 되면 갇혔던 영혼이 살아나는 봄
뜨거운 태양을 향한 봄

Meeting Spring

Spring is coming as a wind
Spring knocking a heart
Spring coming as a sunlight

I who was born in spring
It started in spring
Spring made me know my first love

The day I said hello shyly to the sun that was sleeping deep in the ground

Spring in which the soul trapped comes to life, when spring comes
Spring to the Hot Sun

5월의 어느날

안국역 1번 출구로 직진하면
넓은 공터가 있고
중앙에는 공사 중이다

언니랑 늘 먹던 고급 한정식에서
푸짐하게 먹고 나온 후
공터에 장미꽃들이
활짝 피어 있는 것을 보았다
이게 있었나? 하면서
반가운 걸음으로 달려갔고
장미 냄새에 빠져 사진도 찍었다

빨간 장미 노오란 장미 분홍 장미
찰칵찰칵
그리고 걷던 중
한련화와 칸나 양귀비꽃이랑
작은 들꽃 같은 꽃을 보았다

어릴 적 집 안마당에
가득 심어놓은 꽃
채송화 장미 한련화 칸나 나팔꽃 팬지
언니의 기억 속으로
어릴 적 꽃들이 생각났다
우리 4남매를 꽃으로 키운
부모님의 사랑을 추억하는 하루였다